올림픽이 열리면 우리는 한마음으로 한국 선수를 응원해요.
우리는 언제부터 한 팀이 된 걸까요?
우리는 어떻게 '우리'가 된 걸까요?
거대한 대륙을 떠나 한반도로 모여든 사람들의 첫걸음을 따라서
맨 처음 우리나라를 만나 보아요.

맨 처음 우리나라
고조선

이현 글 | 이광익 그림

옛날, 아주 아주 먼 옛날,

그러니까 할머니의 할머니의 할아버지의 할머니의 아버지의 할머니의
할아버지의 아버지의 어머니의 할아버지의 할머니의 어머니의 할머니의 아버지의
할머니의 아버지의 어머니의 아버지의 할머니……보다 더 오래된 때였어요.

그때는 세상이 지금과 퍽 달랐어요.

아파트도 없고 자동차도 없었죠. 사람들은 아직 전기를 만들 줄 몰랐어요.

먼 데까지 소리를 보낼 줄도 몰랐죠. 텔레비전이나 스마트폰도 없었어요.

학교도, 유치원도 없었고요.

그래도 사람들은 무척 씩씩했어요.
힘도 세고, 달리기도 잘했지요.
다 같이 힘을 모아 사슴도 잡고, 곰도 잡았어요.
커다란 고래까지 잡았답니다.

특히 돌을 다루는 솜씨가 뛰어났어요.

사람들은 돌을 깨거나 깎아서 여러 가지 도구를 만들었어요.

돌도끼로 사냥도 하고, 돌칼로 고기도 잘랐지요.

이때를 석기 시대라고 합니다.

돌로 도구를 만들어 쓰던 때라는 뜻이에요.

사람들은 점점 지혜로워졌어요.
동물 가죽으로 옷을 지었고 흙으로 그릇을 빚었어요.
동굴 벽에 멋진 그림도 그렸죠.

차츰 동굴에서 나와 집을 짓고 살게 되었어요.
농사도 짓고 가축도 기르기 시작했어요.

그러던 어느 날,
땅속에서 신기한 쇠붙이를 발견했어요.
구리와 주석이었지요.

사람들은 구리와 주석을
뜨거운 불로 녹였어요.

그런 다음 거푸집에 부어서 차갑게 식히면, 짠!

거푸집의 모양에 따라
칼도 되고 거울도 되었어요.

● **거푸집** 물건의 모양을 만드는 틀.

이렇게 구리와 주석을 섞어 만든 도구를 청동기라고 해요.
청동으로 만든 도구라는 뜻이에요.
이때를 청동기 시대라고 합니다.

저 높이, 구름 너머에는 환인 임금이 다스리는 하늘나라가 있었어요.

환인 임금에게는 환웅이라는 아들이 있었지요.

그런데 환웅은 하늘나라보다 사람 세상을 더 좋아했습니다.

구름 아래를 내려다보며 감탄하곤 했어요.

"사람 세상은 멋지구나!
사람은 새처럼 날 수 없지만, 두 발로 걸을 수 있어.
말처럼 달릴 순 없지만, 손을 자유롭게 쓸 줄 알지.
그리고 사람은 언제나 조금씩 새로워지고 있어.
사람은 정말 놀라워!"

환인 임금이 환웅에게 물었어요.

"환웅아. 사람 세상이 그리도 좋으냐?"
"네, 아바마마! 저는 사람 세상이 좋습니다.
높은 산과 깊은 강, 너른 벌판과 푸른 바다가
어우러져 아름답습니다.
힘써 일하는 사람은 그중 가장 아름답습니다.
아바마마, 저는 사람 세상에서 살고 싶습니다."

환인 임금이 가만히 고개를 끄덕였어요.
환웅의 마음을 이미 알고 있었던 거죠.

환인 임금은 환웅의 소원을 들어주었습니다.

"그래, 환웅아. 가거라.
구름 아래로 내려가 널리 사람을 이롭게 하여라.
모두가 행복한 세상을 만들도록 하여라."
"아바마마, 고맙습니다! 고맙습니다!"

환인 임금은 환웅에게 귀한 선물도 주었어요.
청동으로 만든 거울과 방울과 칼이었어요.
그 세 가지 선물을 '천부인'이라고 해요.
하늘이 내려 준 선물이라는 뜻이지요.

환인 임금은 환웅을 위해 신하들도 같이 보내 주었어요.

그중 풍백은 바람을 다스리는 힘을 가졌어요.
운사는 구름을, 우사는 비를 다스릴 수 있었어요.
농사를 도울 수 있는 힘이었지요.

마침내 환웅은 삼천여 명의 신하들을 이끌고 사람 세상으로 내려갔어요.
맨 처음 도착한 곳은 태백산이었어요.
하늘에 닿을 듯 높은 산이었지요.
산꼭대기에 선 나무가 구름 너머까지 자라나 있었어요.
환웅이 신하들에게 말했어요.

"이곳은 참으로 하늘 세상을 닮았구나.
내 이곳을 신시로 삼아 사람 세상을 다스리겠노라!"

신시란 신의 땅이라는 뜻이에요.
하늘의 뜻을 담은 땅이라는 말이었지요.

환웅은 사람 세상을 잘 보살폈어요.
풍백, 운사, 우사의 힘으로 날씨를 다스려 농사를 도왔어요.
가뭄도, 장마도, 태풍도 없었지요.
농사가 잘 되자 사람들의 즐거운 콧노래가
들판을 지나 깊은 산속까지 울렸습니다.
동물들도 사람 사는 세상을 부러워하게 되었어요.

"나는 사람이 되고 싶어."
"나도 나도."

곰도 호랑이도
사람이 되고 싶어 했어요.

곰과 호랑이는 깊은 동굴에 들어가 쉬지 않고 기도했어요.

"환웅님, 사람이 되고 싶습니다."
"사람이 되게 해 주세요, 환웅님! 환웅님!"

마침내 환웅이 동굴에 나타났어요.
눈부신 빛과 함께 환웅의 목소리가 동굴에 크게 울렸어요.

"사람이 되고 싶다 했느냐?"
"네!"

환웅은 곰과 호랑이에게 사람이 되는 법을 알려 주었습니다.

"오늘부터 백 일 동안 동굴에서 지내거라.
오직 쑥과 마늘만 먹으며 동굴에서 견뎌야 한다.
그럴 수 있겠느냐?"
"네!"

곰과 호랑이는 쑥과 마늘만 먹으며 동굴에서 지냈습니다.

햇빛도 못 보고, 고기도 못 먹고, 들판에서 뛰놀지도 못했어요.

날이 갈수록 힘들었어요. 점점 지쳐 갔지요.

결국 호랑이는 쑥 다발을 내동댕이치며 소리쳤어요.

"어흐흐흐흥! 더는 못 참겠어! 너무 힘들어!"

"호랑아. 벌써 많은 날이 지났어. 조금만 더 참자. 우린 사람이 될 수 있어."

곰이 달랬지만 소용없었습니다.

"싫어! 필요 없어! 난 호랑이야. 호랑이는 동물의 왕이야.

난 사람 같은 것 되고 싶지 않아! 어흐흐흥!"

호랑이는 그만 동굴에서 뛰쳐나가 버렸어요.

곰은 동굴에 남았습니다.
혼자 지내려니 전보다 더 힘들었어요. 점점 야위어 갔어요.
기운이 없어서 온종일 가만히 누워 있었어요. 힘든 날이 하루하루 흘러갔어요.
그러던 어느 날이었습니다.

"곰아!"

우렁찬 목소리와 함께 눈부신 빛이 동굴로 흘러 들어왔어요.
환웅이 곰 앞에 나타났어요.

"참으로 장하구나, 곰아! 너의 정성이 하늘의 마음을 움직였다.
너는 이제 곰이 아니다. 너는 사람이 되었느니라!"

곰은 더 이상 곰의 모습이 아니었어요. 아름다운 여인으로 변해 있었어요.

곰에서 여인으로 변했으니 이름은 '웅녀'라고 했습니다.

웅녀는 환웅이 좋았어요. 환웅도 웅녀가 마음에 들었지요.

환웅과 웅녀는 서로 사랑하게 되었어요. 얼마 뒤 귀여운 아들도 생겼습니다.

아이의 이름은 단군왕검이었습니다.

단군은 무럭무럭 자랐어요.

아버지 환웅에게 하늘의 뜻을 배우고, 어머니 웅녀에게 땅의 마음을 배웠지요.

마침내 단군은 왕검성을 도읍으로 삼아 나라를 세웠습니다.

"널리 백성을 행복하게 만들고자 나라를 세우노라.

나라의 이름은 조선이라 하겠다."

단군이 세운 조선은 아주 오래 전에 있던 나라예요.

지금으로부터 무려 사천 년 전의 일이지요.

그래서 '오래 되었다'는 말을 붙여 고조선이라고 부르곤 해요.

고조선.

드디어 맨 처음 우리나라가 생겨났습니다.

고조선은 살기 좋은 나라였어요.

농사가 점점 잘 되어 살림살이가 넉넉해졌어요.

여러 가지 채소와 곡식을 심고, 가축도 많이 길렀지요.

집도 더 튼튼하게 지었어요.

집 안을 따뜻하게 데우는 방법도 알아냈어요.

모두가 지켜야 할 법도 생겨났어요.

사람을 죽여서는 안 된다. 남을 다치게 해서는 안 된다.

도둑질을 해서는 안 된다…….

이웃을 아프게 하지 말고 서로 아껴 주라는 법이었습니다.

그 무렵, 고조선과 이웃한 중국 땅에는 한나라가 있었어요.
한나라는 큰 나라였지만, 콧대 높고 욕심이 많았어요.
한나라 황제인 무제는 고조선을 미워했습니다.

"고조선은 너무 건방져!"

고조선은 한나라에 기죽지 않았습니다.
한나라 황제가 멋대로 명령을 내려도 고분고분 따르지 않았어요.
고조선은 남의 나라 눈치나 보는 겁쟁이가 아니었거든요.
결국 한나라 무제가 군대를 일으켜 고조선으로 쳐들어왔어요.
수만 명의 병사가 바다로, 들로 몰려와 고조선의 왕검성을 에워쌌습니다.

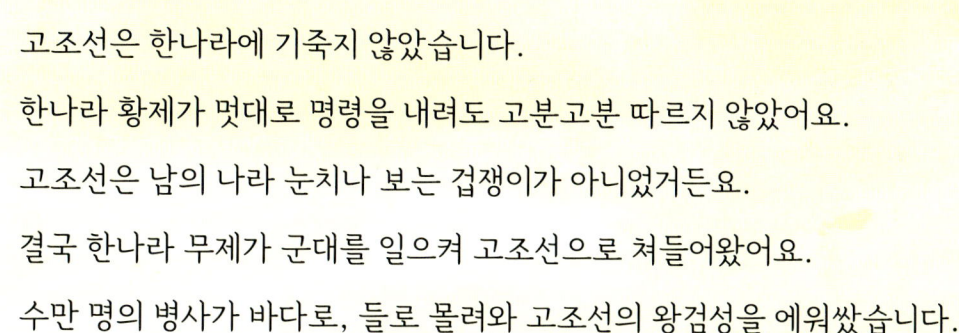

그때 고조선을 다스리던 우거왕은 당당하게 외쳤습니다.

"고조선 백성들은 들어라! 우리는 환웅과 웅녀의 아들딸이다.
한나라를 몰아내고 우리나라를 지키자!"

우거왕이 앞장서자 병사들도 용감히 나섰습니다.
백성들도 무엇이든 힘껏 도우려 애썼지요.
하지만 모두가 그런 건 아니었어요.
저 혼자만 잘 살려고 나라를 배신하는 사람들도 있었지요.
그런 사람들이 한나라와 몰래 짜고 성문을 열어 주었습니다.

"와아아아아아아아!"

한나라 병사들이 왕검성으로 쳐들어왔습니다.
고조선은 한나라에 크게 졌어요. 우거왕은 죽고 왕검성은 불탔어요.
고조선은 망하고 말았습니다.

봄이 왔어요.
사람들은 씨앗을 뿌리고 집을 손질했어요.
말을 달려 사냥하고 배를 몰아 물고기도 낚았지요.
땀 흘려 일하며 새로운 꿈을 꾸었습니다.

맨 처음 우리나라는 사라졌습니다.
그래도 우리나라 이야기는 이어지고 있었어요.

나의 첫 역사 여행

우리 역사가 시작된 곳

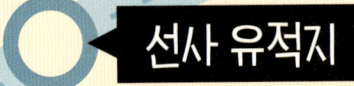 선사 유적지

돌도끼를 만들어 쓰던 사람들은 어떻게 살았을까요?
사진도, 동영상도 없지만, 그렇다고 모두 사라진 건 아니랍니다.
서울 암사동에는 강을 따라 옛 마을의 흔적이 남아 있어요.
수십 채의 집터도 있고, 빗살무늬의 그릇 조각이나 낚싯바늘, 그리고 도끼도 있어요.
그런 유물을 통해서 옛사람들의 생활을 짐작해 볼 수 있지요.
경기도 전곡에서 영남 지방의 낙동강까지,
곳곳에서 선사 유적을 찾아볼 수 있답니다.

- 서울 암사동 유적 ▼ sunsa.gangdong.go.kr
- 전곡 선사 박물관 ▼ jgpm.ggcf.kr
- 석장리 박물관 ▼ www.sjnmuseum.go.kr

서울 암사동 선사 유적

서울 암사동에서 나온 빗살무늬 토기

고인돌

고인돌은 크고 넓적한 돌을 덮어 만든 무덤이에요.
전 세계 고인돌의 40퍼센트가 우리나라에 있다고 해요.
무려 3만 기나 된대요!
전북 고창, 전남 화순, 인천 강화도의 고인돌 유적은
유네스코 세계유산으로 인정받았답니다.
화물차도, 기중기도 없던 오랜 옛날,
어떻게 거대한 돌무덤을 만들었을지 상상해 보세요.
누가 거기에 묻혀 있을지도요!

tour.ganghwa.incheon.kr   강화 고인돌 유적 ▼
www.gochang.go.kr/gcdolmen   고창 고인돌 박물관 ▼

강화도의 고인돌

참성단

강화도에 있는 마니산 꼭대기에 오르면 돌로 쌓은 제단이 있어요.
바로 참성단이에요.
단군이 이 참성단에서 하늘에 제사를 드렸다고 하네요.
참성단에 오르면 어쩐지 그 말이 사실일 것만 같아요.
바다가 한눈에 들어오고, 하늘이 손에 닿을 듯 가깝거든요.
지금도 해마다 개천절이면 참성단에서 단군의 제사를 지낸답니다.

강화도 마니산 참성단 ▼   tour.ganghwa.incheon.kr

강화도 마니산의 참성단

나의 첫 역사 클릭!

대장간의 마법!

돌을 깎고 다듬어 쓰던 사람들이 어떻게 쇠붙이를 다루게 되었을까요?
아마 처음에는 누군가 우연히 발견했을 거예요.
큰불이 났을 때 땅속에 묻혀 있던 쇠붙이가 녹는 모습을 보았을지도 몰라요.
그러다 온도가 내려가면 쇠붙이가 도로 단단해진다는 사실도 알게 되었겠죠.

처음에는 구리, 주석, 아연, 납 등 여러 가지 금속을 섞어서 청동기를 만들었어요.
나중에는 철광석으로 단단한 철기를 만들었지요.
그렇게 쇠붙이로 도구를 만드는 곳이 바로 대장간이에요.
할머니 할아버지가 어렸을 때만 해도 장터마다 대장간이 있었대요.
공장에서 기계로 찍어 내는 게 아니라,
장터의 작은 가게에서 직접 쇠로 도구를 만든 거예요.

그럼 칼을 한 번 만들어 볼까요?
우선 숯으로 뜨겁게 달군 용광로에 쇠붙이를 넣어요.
불길이 더 크게 일도록 풀무로 바람을 불어 넣기도 하죠.
쇠붙이가 녹아서 물처럼 흐를 만큼 용광로를 뜨겁게 달구어야 하거든요.

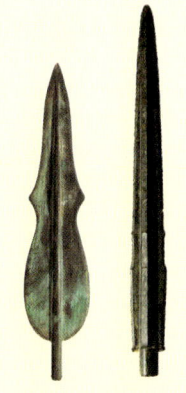

청동으로 만든 칼

그리고 뜨거운 쇳물을 칼 모양의 거푸집에 부어서 식혀요.
그러면 쇳물이 거푸집의 모양대로 굳는답니다.
땅속에서 캐낸 쇳덩어리가 칼로 변신한 거예요.
이제 거친 면을 다듬고, 숫돌에 날을 세워야 해요.
다시 불에 달구어 모루에 놓고 망치로 두드려 모양을 다듬기도 해요.

철로 만든 농기구

그렇게 여러 가지 도구를 사람의 손으로 하나하나 만들었어요.
대장간에서 만든 것들은 세상에 단 하나뿐인 물건이랍니다.
하늘 아래 똑같은 것은 없다는 뜻이지요.

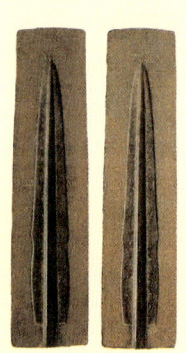

거푸집

글 이현

세상 모든 것의 이야기가 궁금한 동화작가입니다. 우리나라 곳곳에 깃든 이야기를 찾아 어린이들의 첫 번째 역사책을 쓰고 있습니다. 그동안 《짜장면 불어요》, 《로봇의 별》, 《악당의 무게》, 《푸른 사자 와니니》, 《플레이 볼》, 《일곱 개의 화살》, 《조막만 한 조막이》, 《내가 하고 싶은 일, 작가》 등을 썼습니다. 제13회 전태일 문학상, 제10회 창비좋은어린이책 공모 대상, 제2회 창원아동문학상 등을 받았습니다.

그림 이광익

역사 속 주인공들이 지금만큼이나 익살맞고 재치 넘친다고 생각하는 그림작가입니다. 어린이들에게 한국사의 첫 인상을 친근하고 따뜻하게 심어 줍니다. 《홍길동전》, 《과학자와 놀자》, 《꼬리 잘린 생쥐》, 《깡딱지》, 《천년의 도시 경주》, 《경복궁에 간 불도깨비》, 《두근두근 변신 이야기》, 《초등학생을 위한 인물한국사 1》, 《서울의 동쪽》, 《역사가 흐르는 강, 한강》 등에 그림을 그렸습니다.

나의 첫 역사책 1 — 맨 처음 우리나라 고조선

1판 1쇄 발행일 2017년 6월 5일 | 1판 14쇄 발행일 2024년 7월 22일
글 이현 | 그림 이광익 | 발행인 김학원 | 기획·편집 이주은 박현혜 도아라 | 표지·본문 디자인 유주현
저자·독자 서비스 humanist@humanistbooks.com | 스캔 (주)로얄프로세스 | 용지 화인페이퍼 | 인쇄 삼조인쇄 | 제본 다인바인텍
발행처 휴먼어린이 | 출판등록 제313-2006-000161호(2006년 7월 31일) | 주소 (03991) 서울시 마포구 동교로23길 76(연남동)
전화 02-335-4422 | 팩스 02-334-3427 | 홈페이지 www.humanistbooks.com

글 ⓒ 이현, 2017 그림 ⓒ 이광익, 2017
ISBN 978-89-6591-333-7 74910
ISBN 978-89-6591-332-0 74910(세트)

- 이 책은 저작권법에 따라 보호받는 저작물이므로 무단 전재와 무단 복제를 금합니다.
- 이 책의 전부 또는 일부를 이용하려면 반드시 저작권자와 휴먼어린이 출판사의 동의를 받아야 합니다.
- **사용연령 6세 이상** 종이에 베이거나 긁히지 않도록 조심하세요. 책 모서리가 날카로우니 던지거나 떨어뜨리지 마세요.